Sibylle Haenitsch-Weiß

Geldgeschenke und Gutscheine

mal anders

Bassermann

Inhalt

Vorwort ... 5

Lecker-lecker ausgehen!

€ Luxus-Nudel-Box ... 6
€ Pizza-Euros ... 6
Mexikaner-Gutschein ... 7

Gourmetmacher

Kochen-Grundkurs-Gutschein ... 8
Sushi-Kochkurs-Gutschein ... 9
Orient-Kochkurs-Gutschein ... 9

Auf uns! Zum Wohl!

€ Kneipengeld ... 10
Bierbrau-Kurs-Gutschein ... 10
Weinprobe-Gutschein ... 11

Mal wieder ausgehen!

Theater-/Oper-Gutschein ... 12
Disco-Gutschein ... 13
Comedy-Show-Gutschein ... 13

Gemütlich zuhause bleiben

Fondue-Abend-Gutschein ... 14
Karaoke-Abend-Gutschein ... 14
DVD-Abend-Gutschein ... 15

Sprachen lernen

Englisch-Kurs-Gutschein ... 16
€ Türkisch-Kurs ... 17
Russisch-Kurs-Gutschein ... 17

Fürs Köpfchen

Gedächtnistraining-Gutschein ... 18
€ Schreib-Workshop ... 18
Rhetorik-Kurs-Gutschein ... 19
Computer-Kurs-Gutschein ... 19

Talentsuche

Bildhauer-Kurs-Gutschein ... 20
Schmuckschmiede-Gutschein ... 20
Frauen-Handwerker-Kurs-Gutschein ... 21

Bühnenreif

€ Trommel-Workshop ... 22
€ Schauspiel-Workshop ... 23
€ Gesangs-Euros ... 23

Das Tanzbein schwingen

Standard-Tanzkurs-Gutschein ... 24
€ Salsa heißt Soße 24
€ Feuriger Tango ... 25

Immer in Bewegung bleiben!

€ Bauchtanz-Euros ... 26
€ Zumba®-Euros ... 27
€ Trampolin-Euros ... 27

Jetzt wird gesportelt!

Jogging-Gutschein ... 28
Aqua-Gym-Gutschein ... 29
€ Karate-/Kickboxen-Gutschein ... 29

Sportlich! Sportlich!

Nordic-Walking-Gutschein ... 30
€ Freeclimbing-Euros ... 30
Taucher-Kurs-Gutschein ... 31

Ab in den Urlaub!

€ Flipflop mit Inhalt ... 32

Tropic-Gutschein ... 33

Strand-Gutschein ... 33

Städtereisen

€ Hello London ... 34

Amsterdam-Gutschein ... 35

Paris-Gutschein ... 35

Kurzurlaub

€ Weihnachtsmarkt-Euros ... 36

Oktoberfest-Gutschein ... 36

Gartenschau-Gutschein ... 37

Kultur erleben

Stadtführungs-Gutschein ... 38

Schlossbesichtigungs-Gutschein ... 38

Kunstausstellungs-Gutschein ... 39

Frischluftkuren

Wander-Gutschein ... 40

Zelten-Gutschein ... 40

Picknick-Gutschein ... 41

Pilzbestimmungs-Kurs-Gutschein ... 41

Lust & Liebe

Speed-Dating-Gutschein ... 42

Candlelight-Dinner-Gutschein ... 42

€ Flirtkurs-Euros ... 43

Ein Paar sagt JA

€ Hochzeitstüten ... 44

€ Haushaltsbuch ... 45

€ Haushaltsgerät ... 45

Willkommen neuer Erdenbürger!

Gutschein fürs erste Gefährt ... 46

€ Schühchengeld ... 46

€ Euros fürs Baby ... 47

Was Kids Spaß macht!

€ Fußballschuhe ... 48

€ Spaßbad ... 48

€ Reitvergnügen ... 49

Teenager-Goodies

€ Pop-Rock-Euros ... 50

€ Fast-Food-Money ... 50

€ Handy-Euros ... 51

Zeit schenken!

Putz-Gutschein ... 52

Heimwerker-Hilfe-Gutschein ... 52

Flohmarkt-Gutschein ... 53

Weihnachtsgeld

€ Münz-Adventskalender ... 54

€ Euros im Engelshaar ... 54

€ Euro-Geschenkpäckchen ... 55

Weihnachts-Gutscheine

Jacken-Gutschein ... 56

Möbel-Gutschein ... 56

Schmuck-Gutschein ... 57

Shoppppiiiing!

Outlet-Besuch-Gutschein 58
€ Sandalen-Euros 58
€ Taschengeld 59

Deko-Euros

€ Tapeten-Euros 60
€ Kunst-Investition 61
€ Vasen-Euros 61

Luftige Abenteuer

€ Ballonfahrt 62
Tandemsprung-Gutschein 62
€ Rundflug 63

Outdoor-Abenteuer

Paintball-Gutschein 64
Baggerfahr-Gutschein 64
Überlebens-Training-Gutschein 65

Rundum schön!

€ Kopfgeld 66
Kosmetik-Gutschein 67
Naildesign-Gutschein 67

Alles für die Gesundheit

€ Nichtraucher werden 68
€ Homöopathiekurs 68
Diät-Gutschein 69

Entspannung pur!

€ Yoga-Kurs 70
€ Meditations-Kurs 70
€ Schoko-Massage 71

In anderen Sphären

Ausdruckstanz-Kurs-Gutschein 72
€ Feng-Shui-Kurs 72
€ Hexen-Wochenende 73

Erfreulich Häusliches

Haustier-Sitting-Gutschein 74
Renovierunghilfe-Gutschein 74
€ Fensterputzer-Luxus 75

Rund ums Haus

5 x Schnee fegen-Gutschein 76
Gartenarbeit-Gutschein 76
€ Neubau-Euros 77

Handmade!

€ Nähmaschinen-Obolus 78
Kopfbedeckungs-Gutschein 79
Sockenstrick-Gutschein 79

Süßer Küchenzauber

Plätzchen backen-Gutschein 80
Marmelade kochen-Gutschein 81
Pralinen kreieren-Gutschein 81

Freie Auswahl!

Salat-Gutschein 82
Torten-Gutschein 82
Bowle-Gutschein 83

Büchergeld

€ Goethe trifft Schiller — 84

€ Lyrische Euros — 85

€ Lesezeichen für Kids — 85

Gute Fahrt!

Pannenkurs-Gutschein — 86

Schleuderkurs-Gutschein — 86

€ Strafzettel-Spende — 87

Gekaufte Gutscheine pimpen!

Aus dem Modeladen — 88

Aus dem Möbelhaus — 88

Aus der Parfümerie — 88

Für den Supermarkt — 89

Aus dem Buchladen — 89

Einkaufsquellen — 90

Umgang mit Geldscheinen — 91

Vorlagen übertragen — 91

Vorlagen — 92

Impressum — 96

Vorwort

Die Zeiten sind schon lange vorbei, in denen man auf einen Anlass warten musste, um sich etwas Bestimmtes wünschen zu können. Unser Lebensstandard hat sich nach oben entwickelt – Nötiges wird angeschafft und Schönes gönnt man sich einfach mal zwischendurch.
So kommt es nicht selten vor, dass man zum Beispiel auf die Frage „Was wünscht du dir eigentlich zum Geburtstag?" keine spontane Antwort mehr bekommt.
Oft ist dann Geld oder ein Gutschein die Lösung des Problems. Trotzdem soll das Geschenk persönlich und sichtlich mit Herz überlegt sein.
In der Regel kennt man den zu Beschenkenden mehr oder weniger gut und auf dieser Grundlage lassen sich Geld- oder Gutschein-Geschenke ganz individuell gestalten. Mit einer Prise Fantasie und einem Spritzer Kreativität wird das Geschenk zum echten Hingucker — zum staunen oder schmunzeln.

Die Vorschläge in diesem Buch zeigen, wie einfach und effektvoll man Geld, Gutscheine, aber auch „Zeit" oder „Hilfe" verschenken kann. Mit wenigen Mitteln und einer guten Idee ist im Handumdrehen ein originelles Präsent gezaubert.

Vorab sei gesagt:

• Die abgebildeten Geschenke sind zur besseren Anschauung nicht weiter verpackt.
Zur Aufwertung bietet sich oft an das „vollendete Werk" zusätzlich in transparente Folie zu verpacken.

• Die Geldgeschenke sind jeweils mit einem Eurozeichen versehen. Viele der gezeigten Objekte lassen sich aber ganz einfach von einem Geld- zu einem Gutscheingeschenk verwandeln oder umgekehrt. Hier sind der Fantasie keine Grenzen gesetzt.

• Ist man unterwegs, sollte man zugreifen, wenn sich etwas Originelles, Ungewöhnliches, Schönes und dann noch eventuell im Preis Reduziertes anbietet. Immer mit einem „kreativen" Auge unterwegs sein ...

• Am Ende dieses Buches werden Quellen genannt, die jede Menge kreativer Perlen bereit halten.

Und nun wünsche ich viel Vergnügen beim Durchblättern des Buches, beim Basteln und beim Kreieren eigener Ideen.

Sibylle Haenitsch-Weiß

Luxus-Nudel-Box

 **Material:**

- Tonkarton (DIN A4)
- Box-Vorlage (Seite 92)
- Kohlepapier
- Cutter
- Lineal
- Glückskatze
- Geldschein

 So geht's:

Die Box-Vorlage auf den Karton übertragen und mit dem Cutter sauber ausschneiden. Die Falzlinien leicht vorritzen. Die Box falten, Geldschein hineinlegen und zukleben. Text und Glückskatze aufkleben.

Pizza-Euros

 **Material:**

- leere Pizzaschachtel
- Geschenkband
- Klebefilm
- Speisekarte
- Geldschein(e)

 So geht's:

Die Speisekarte, dazu eventuell einen Bierdeckel und den Geldschein mit Klebefilm in der Schachtel platzieren. Mit Schleifen in italienischen Farben dekorieren.

Lecker-lecker ausgehen!

Zum Mexikaner

„**Disfrute de su comida**" heißt: „**Genießen Sie Ihre Mahlzeit.**"

Material:

- Kaktus oder Sukkulente
- dickes Krepp-Papier
- Wasserfarben
- Pinsel
- Klebefilm
- Gutscheintext
- Schaschlikstäbchen
- Kleber

So geht's:

Das Krepp-Papier auf Topfgröße zuschneiden und mit Wasserfarben mexikanisch bemalen. Das Papier um den Topf wickeln und mit Kleber fixieren. Gutscheinschild mit einem Schaschlikstäbchen in die Erde stecken. Eventuell mit einem kleinen Esel oder Sombrero dekorieren.

Gourmetmacher

Grundkurs Kochen

 **Material:**

- Kochlöffel
- dekoratives Pflasterdöschen
- Klebefilm
- Geschenkband
- Gutscheintext

 So geht's:

Den Gutscheintext und den Kochlöffel auf der Dosenrückseite mit Klebefilm anbringen. Mit einer farblich passenden Schleife schmücken.

Sushi Kochkurs

Material:

- Innenrolle von Küchenpapier
- grünes Papier
- Schere
- Klebefilm
- Ostergras, Holzwolle u. Ä.
- Watte
- Teller
- Ess-Stäbchen
- Gutscheintext

 So geht's:

Von der Papprolle drei 4 cm lange Stücke abschneiden. Vom grünen Papier 3 Steifen (4 x 15 cm) zuschneiden, um die Rolle legen und mit Klebefilm fixieren. Weitere 3 grüne Streifen (4 x 9 cm) zuschneiden, zur Rolle wickeln, fixieren und mit dem Ostergras o. Ä. füllen. Mit Watte umwickeln und in die Papprollen schieben.
Die „Sushi-Rollen", den Gutscheintext und die Ess-Stäbchen auf dem Teller anrichten.

Orient Kochkurs

Material:

- Kuchenteller
- Lackstift
- Pauspapier
- Kohlepapier
- Orientvorlage (Seite 92)

 So geht's:

Die Vorlage abpausen und mit dem Kohlepapier auf den Teller übertragen.
Schrift und Motiv mit den Lackstiften nachzeichnen.

Kneipengeld

Material:

- Trinkflasche
- Geldschein
- Klebefilm
- Gutscheintext

So geht's:

Den Geldschein und Gutscheintext um die Flasche wickeln und auf der Rückseite mit Klebefilm fixieren.

Bierbrau-Kurs

Material:

- Glaskrug
- Tonkarton (orange und weiß)
- Klebefilm
- Bierdeckel
- Bindfaden
- Gutscheintext
- Kleber

So geht's:

Die Kartons auf die jeweilige Kruggröße zuschneiden. Das orangefarbene „Bier" etwas kürzer schneiden, damit der weiße „Schaum" sichtbar wird. Beides auf Krugdurchmesser rollen, mit Klebefilm fixieren und in den Krug schieben. Den Gutscheintext auf den Bierdeckel kleben und mit einem Bindfaden am Henkel befestigen.

Weinprobe

Material:

- kleines Holzkistchen
- 3 Sektkorken
- Cutter
- Kleber
- Karton (8 x 8 cm)
- Filzstift

Auf uns! Zum Wohl!

So geht's:

Mit dem Cutter vorsichtig „Weingläser" aus den Sektkorken schnitzen und in das Kistchen kleben. Den Karton in vier 2 cm breite Streifen aufteilen und die Linien mit dem Cutter zum besseren Falzen leicht anritzen. Den zweiten Streifen beschriften, den Karton falzen und den oberen und unteren Streifen zusammenkleben. Den dreieckigen Aufsteller auf das Kistchen kleben.

Mal wieder ausgehen!

Theater oder Oper?

Material:

- Spielzeug-Fernglas
- goldfarbener Lackstift
- schwarze Kordel
- schwarzer Karton
- Kleber

So geht's:

Das Fernglas mit dem goldfarbenen Lackstift teilweise oder ganz anmalen.
Die Schnur eventuell durch eine hübschere Kordel ersetzen.

Den Gutscheintext mit dem Goldstift auf den Karton schreiben, umrahmen und ausschneiden. Anschließend mit Kleber am Fernglas befestigen.

Ab in die Disco!

 **Material:**

- kleiner Geschenkkarton
- Tanzszene (z. B. Postkarte)
- Schere
- Tischtennisball
- silberfarbener Lackstift
- Kleber
- Teststreifen
- Schleife

 So geht's:

Das Tanzmotiv auf die Kartongröße zuschneiden und auf dem Boden aufkleben.

Den Tischtennisball mit dem Lackstift anmalen und mit Kleber entsprechend anbringen.

Den Gutscheintext einkleben und die Szene mit einer farblich passenden Schleife schmücken.

Einen Lacher vorab!

 **Material:**

- Eintrittskarte oder Gutschein
- Lachsack
- Klebefilm

 So geht's:

Den Lachsack einfach mit Klebefilm an der Eintrittskarte oder dem Gutschein anbringen. Fertig!

Fondue-Abend

Material:

- Kartonkreis (für Einladung)
- Filzstift
- 3 Schaschlikstäbchen
- Lackstift (silber)
- 3 Kartonstreifen (ca. 20 x 3,5 cm)
- Klebefilm
- Lakritz-Röllchen
- Ringelband

 So geht's:

Die Stäbchen silberfarben bemalen. Die Streifen fest um die Enden der Stäbchen wickeln und mit Klebefilm fixieren. Lakritz aufstecken. Einladung auf den Kartonkreis schreiben, 2 Löcher einstechen, Ringelband durchziehen und die „Fonduegabeln" damit befestigen.

Karaoke-Abend

Material:

- Spielzeug-Mikrofon
- Einladungstext
- Kleber
- Geschenkband

 So geht's:

Den Einladungstext mit Kleber auf dem Mikro anbringen. Mit einer Schleife dekorieren.

Gemütlich zuhause bleiben

DVD-Abend

 **Material:**

- leere Pizzaschachtel
- Einladungstext
- Kleber
- alte DVD
- Papiertaschentücher mit Motiv
- Geschenkbänder

 So geht's:

Alle Teile mit Schleifen umwickeln und mit dem Einladungstext auf die Schachtel kleben.

Sprachen lernen

Tipp:

Um einen **Italienisch-Kurs** zu verschenken einfach den Text in eine leere Pizzaschachtel schreiben. Für einen **Französisch-Kurs** eignet sich ein beschriftetes Baguette und für einen **Schwedisch-Kurs** ein Plüschelch. Wer einen **Spanisch-Kurs** verschenken möchte, kann dies mit einem Fächer und einen **Chinesisch-Kurs** mit einer traditionellen kleinen Suppenschüssel gestalten.

Englisch

 **Material:**

- Charles- und Sprechblasen-Vorlage (Seite 94)
- Karton
- Cutter
- Pauspapier
- Kohlepapier
- Filzstifte
- Buntstifte
- Kleber

 So geht's:

Die Vorlagen abpausen und mit Kohlepapier auf den Karton übertragen, mit Filz- und Buntstiften ausarbeiten und ausschneiden. Die Falzkanten mit dem Cutter leicht anritzen und den Charles-Aufsteller knicken. An den Klebeflächen zusammenkleben und die Sprechblase platzieren.

Türkisch

Material:

- Döner-Papiertasche
- 2 dünne Styroporkreise (ca. 17 cm Durchmesser)
- Acrylfarbe (ocker)
- Pinsel
- farbiger Karton
- „Grünzeug" (z. B. Heckengrün)
- Kleber
- Geldschein
- Geschenkschnur

 So geht's:

Mit Hilfe eines Tellers zwei Kreise auf das Styropor ziehen und ausschneiden. Die Kreise mit Acrylfarbe „fladenbrotfarbig" bemalen. Aus dem Karton Halbkreise (Tomaten) und Kringel (Zwiebelringe) schneiden und

mit dem „Grünzeug" am Rande eines Styroporkreises aufkleben. Den zweiten Kreis auflegen und am unteren Rand mit Klebefilm zusammenbringen.

Den „Döner" in die Tasche stecken. Durch zwei kleine Löcher im Gutscheinkreis eine Schnur durchziehen und damit den gerollten Geldschein befestigen.

Russisch

Material:

- Russisch Brot (Kekse)
- Bindfaden
- Gutscheintext
- Locher

 So geht's:

Den Rand der Kekstüte und den Gutscheintext lochen und mit einem Bindfaden aneinanderhängen.

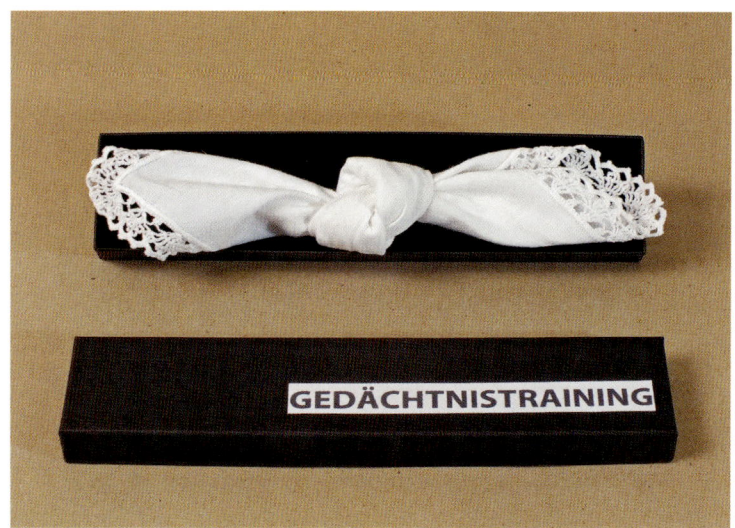

Gehirn-Jogging

Material:

- Schachtel
- Taschentuch
- Gutscheintext
- Kleber

So geht's:

Das verknotete Taschentuch mit Kleber in der Schachtel platzieren und den Gutscheintext auf den Deckel kleben.

Schreib-Workshop

Material:

- kleiner Zellophanbeutel
- Buchstabennudeln
- Kordel
- kleines Schreibheft
- Bleistift
- Kleber
- Klebefilm
- Geldschein

So geht's:

Den Text mit Buchstabennudeln und den Bleistift auf das Heft kleben. Nudeln in den Beutel füllen und mit der Kordel schließen. Geldschein längs falten und mit Klebefilm im Heft fixieren. Das Heft mit Kleber am Beutel anbringen.

Rhetorik-Kurs

Material:

- kleine Schachtel
- Haftnotizblock (Sprechblase)
- Filzstift

So geht's:

Das oberste Notizblatt mit dem Gutscheintext beschriften und den Block in der Schachtel platzieren.

Fürs Köpfchen

Computer-Kurs

 **Material:**

- 2 DIN-A4-Kartons (weiß und farbig)
- Tastaturvorlage (Seite 93)
- Pauspapier
- schwarzer Filzstift
- Kohlepapier
- Buntstift
- Schaumzucker-Maus
- Kleber

 So geht's:

Tastaturvorlage abpausen, mit Kohlepapier auf den weißen Karton übertragen und die Schrift ausmalen. Die „Maus" mit Kleber anbringen und alles zur Verstärkung auf den farbigen Karton kleben.

Bildhauer-Kurs

Material:

- Roman mit entsprechendem Titel
- kleiner Hammer
- schwarzer Pfeifenreiniger

So geht's:

Den Hammer mit Hilfe des Pfeifenreinigers ans Buch binden. Der Hammer kann auch ein anderes Bildhauer-Werkzeug sein.

Silber- oder Goldschmiede-Kurs

Material:

- kleiner Gardinenring
- kleiner Kieselstein
- Lackstift (silber oder gold)
- Heißkleber
- Ringschachtel
- Gutscheintext

So geht's:

Ring und Stein mit dem Lackstift bemalen und beides mit Heißkleber verbinden. Den Gutscheintext in den Schachteldeckel kleben.

Talentsuche

Frauen-Handwerker-Kurs

 **Material:**

- Holzbrett (ca. 15 x 25 cm)
- farbiger Lackstift
- schwarzer Filzstift (permanent)
- Staubmaske
- Filzstifte
- Schraubenzieher
- farbiges Papier
- Schraube, Glühbirnchen o. Ä.
- Kleber
- Geschenkband

 So geht's:

Das Brett mit dem Lackstift beschriften und die Buchstaben mit dem schwarzen Permanentstift umfahren. Die Staubmaske mit Blümchen bemalen (Filzstifte). Den Schraubenzieher mit farblich passendem Papier umwickeln und mit einer Schleife schmücken. Alles auf das Brett kleben.

Euros in der Dose für einen Trommel-Workshop

 **Material:**

- Dose
- Stoff
- Bastband
- Geldschein
- Gutscheintext
- Kleber

 So geht's:

Dose säubern und das Geld hineinlegen. Stoff über die Öffnung spannen, mit dem Bast befestigen und den Text aufkleben.

Schauspiel-Workshop

Material:

- Holzbrett (ca. 8 x 24 cm)
- kleine Holzstücke
- Filzstifte
- Heißkleber
- Geschenkband
- Geldschein

So geht's:

Mit den Filzstiften den Text auf das Brett schreiben. Ein Geschenkband aufkleben und damit den gerollten Geldschein befestigen. Kleine Bretter übereinander aufkleben.

Bühnenreif

Gesangs-Euros

Material:

- Geschenkkarte mit Vogelmotiv
- Blechvogel
- Gutscheintext
- Kleber
- Geldschein
- Klebefilm

So geht's:

Den Gutscheintext und den Blechvogel auf die Karte kleben. Den Geldschein rollen und mit Klebefilm fixieren. An der Klebefilmstelle mit Kleber auf der Karte anbringen.

Standard-Tanz

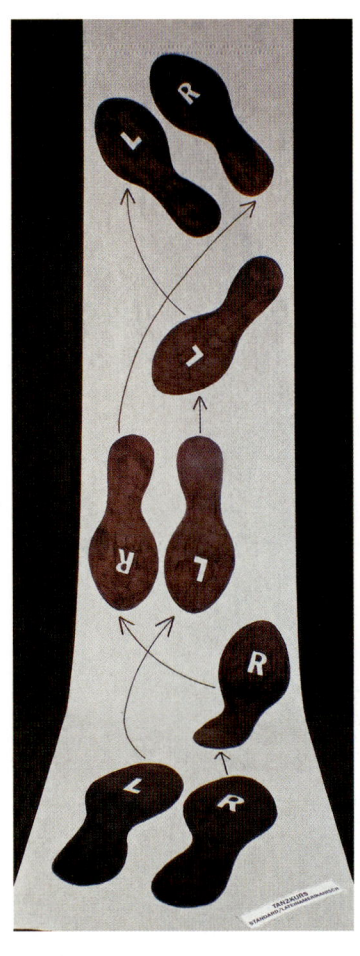

Material:

- Butterbrotpapier (Rolle)
- Schritt- und Fußvorlage (Seite 95)
- Pauspapier
- Kohlepapier
- schwarzer Filzstift
- Gutscheintext

So geht's:

Den Sohlenabdruck (rechter und linker Fuß) abpausen und nach der Schrittfolge mit Kohlepapier auf das Butterbrotpapier übertragen. Die Schritte schwarz ausmalen und dabei die Buchstaben aussparen. Den Gutscheintext anbringen, das Papier aufrollen und mit einer Schleife zubinden.

Salsa heißt Soße ...

Material:

- 1 Falsche Salsa-Soße
- Bastel-Pompons
- Kleber
- Textstreifen
- Geldschein
- Klebefilm

So geht's:

Die Flasche mit den bunten Pompons und dem Text bekleben. Den Geldschein zum schmalen Streifen falten, um den Flaschenhals legen und mit Klebefilm fixieren.

Das Tanzbein schwingen

Feuriger Tango

 **Material:**

- flache Styroporschale
- Gutscheintext
- Kleber
- Geldschein
- Klebefilm
- 2 Chilischoten
- Garn
- Karton
- Hutanleitung (Seite 93)
- schwarzer Filzstift

 So geht's:

Den Hut nach der Anleitung auf weißen Karton zeichnen, ausschneiden und schwarz anmalen. Eine Reihe Zacken nach innen knicken und damit am Deckel festkleben. Die andere Zackenreihe nach außen knicken und damit an die Hutkrempe kleben.

Den Geldschein im Zickzack falten, mittig knicken und mit Klebefilm zum Fächer schließen. Die Chilis zusammenbinden, den Hut aufkleben und in zwei gestochene Löcher in die Schale stecken. Den Geldfächer mit Klebefilm und den Text mit Kleber anbringen.

Bauchtanz-Euros

Immer in Bewegung bleiben!

Material:

- kleine Weinkaraffe (ca. 16 cm)
- glänzender Stoff (ca. 25 x 25 cm)
- Kleber
- Modeschmuck-Armband
- Geschenkband
- Geldschein

So geht's:

Auf die Rückseite des Stoffes zwei Kreise mit (ø 6 cm und 12 cm) ineinander aufzeichnen, ausschneiden und als „Glockenrock" an die Karaffe kleben. Das Armband als Rockabschluss überstülpen. Als Oberteil Geschenkband um den Karaffenhals verknoten. Das Geld in der Karaffe verstecken.

Zumba®-Euros

Material:

- Schachtel
- Klebefilm
- Geldschein
- Deodorant
- Geschenkband
- Kleber
- Schrift-Vorlage (Seite 94)
- Pauspapier
- Kohlepapier
- Karton
- Schere
- Filzstifte

 So geht's:

Den Geldschein mit Klebefilm in der Schachtel fixieren. Die Zumba®-Vorlage abpausen und mit Kohlepapier auf den Karton übertragen, ausmalen und ausschneiden.

Die Buchstaben und das mit Schleife dekorierte Deodorant in die Schachtel kleben.

Trampolin-Euros

 **Material:**

- dunkler Karton (15 x 15 cm)
- heller Karton (10 x 10 cm)
- Zirkel
- Schnur
- dicke Nadel
- Bleistift
- Kleber
- Geldschein

 So geht's:

Den dunklen Rand (außen ø 11 cm, innen 9 cm) und die Sprungfläche (ø 8 cm) mit dem Zirkel ziehen und ausschneiden. Den Rand innen und die Sprungfläche außen im gleichmäßigen Abstand 16 Mal mit der Nadel lochen. Mit der durchgezogenen Schnur beide Teile verbinden. Sechs ca. 2,5 cm lange Bleistiftstücke als Füße ankleben. Den gerollten Geldschein mit der Schnur befestigen.

Geh' mit mir joggen bitte, bitte...

Jetzt wird gesportelt!

Zusammen joggen?

Material:

- Plüsch-Schildkröte
- Klebefilm
- Karton
- Sprechblasenvorlage (Seite 93)
- Pauspapier
- Kohlepapier
- Filzstift
- Stecknadel

So geht's:

Die Sprechblase abpausen, mit Kohlepapier auf den Karton übertragen, beschriften und ausschneiden. Auf die Rückseite der Sprechblase eine Stecknadel mit Klebefilm anbringen – damit am Plüschtier feststecken.

 So geht's:

Das Etikett der Getränkeflasche entfernen, den Gutscheintext um die Flasche legen und auf der Rückseite mit Klebefilm fixieren. Den Dekofisch ankleben.

Aqua-Gym-Gutschein

 **Material:**

- Getränk (blau)
- Gutscheintext
- Klebefilm
- Dekofisch
- Kleber

Karate oder Kickboxen?

 **Material:**

 So geht's:

- flache Styroporschale
- Spielzeugfigur
- Klebefilm
- Geldschein
- Geschenkband

Den Geldschein und die Figur mit Klebefilm auf der Schale anbringen. Mit Geschenkband schmücken.

Nordic-Walking-Gutschein

 **Material:**

- Tonkarton mit Grasmotiv (15 x 30 cm)
- graues Tonpapier (7 x 30 cm)
- Gutscheintext
- Kleber
- Ess-Stäbchen
- Haushaltsgummis (1 breites und 2 dünne)
- 2 Korkenscheiben

 So geht's:

Den Graskarton mit dem grauen Tonpapier und dem Gutscheintext bekleben. Das breite Gummi halbieren, zur Schlaufe legen und jeweils mit dem dünnen Gummi am Ende des Stäbchens befestigen. Am anderen Ende des Stäbchens je eine Korkenscheibe aufstecken.

Freeclimbing-Euros

 **Material:**

- Styroporschale (ca. 6 x 10 x 15 cm)
- Pappmaché
- 4 Murmeln oder Kieselsteine
- graue Farbe
- Pinsel
- Gutscheintext auf starkem Karton
- Kleber
- Geldschein
- Geschenkband

 So geht's:

Die Schale mit Pappmaché füllen, die Oberfläche dabei uneben gestalten. Die Murmeln oder Kieselsteine zur Hälfte in das feuchte Material drücken und das Ganze trocknen lassen. Die „Kletterwand" grau anmalen. Den Text auf den Rand des Kartons schreiben und die Wand aufkleben. Den gerollten Geldschein mit Geschenkband in einer Ecke anbringen.

Sportlich! Sportlich!

Taucher-Kurs

 **Material:**

- Eimer mit Wassermotiv
- lustige Taucherbrille
- Gutscheintext
- Kleber

 So geht's:

Die Taucherbrille um den Eimer spannen und den Gutscheintext aufkleben.

Tipp:

Alle Wasser-Sportarten lassen sich auf diese Weise nett verschenken.

Ab in den Urlaub!

Flipflop mit Inhalt

 **Material:**

- Necessaire in Flipflopform
- Geldscheine
- Kleber
- Geschenkband

 So geht's:

Den Inhalt des Necessaire mit aufgerollten Geldscheinen austauschen. Flipflop mit einer Schleife dekorieren.

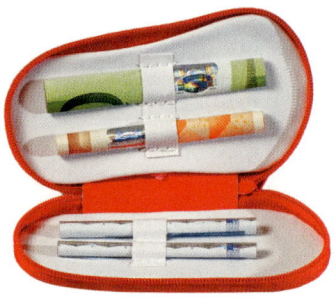

Aloha!

Material:

- Metalldöschen
- Geschenkband
- Kleber
- Papphemden und -flipflops (Party-Picker)
- Gutscheintext

 So geht's:

Ein Stück Geschenkband als Koffergriff an die Dose kleben. Die Motive vom Picker lösen und im Koffer mit Kleber fixieren. Den Gutscheintext als Kofferanhänger anbringen.

Eine ganze Woche Strand

Material:

- Mini-Koffer (transparent)
- Flipflop (Kühlschrankmagnet)
- ca. 2 Esslöffel Sand
- Kleber
- Geschenkband
- Gutscheintext

 So geht's:

Den Koffer bis zur Hälfte mit Sand füllen. Flipflop an den Koffer kleben und den „Strandurlaub" mit einer Schleife und dem Gutscheintext dekorieren.

Städtereisen!

Hello London!

 **Material:**

- Frühstücksbrett mit Londonmotiv
- Geldschein
- Klebefilm
- Mini-Bus
- Kleber
- Geschenkband

 So geht's:

Den Geldschein zum schmalen Streifen falten, um eine Kante des Brettes legen und auf der Rückseite mit Klebefilm fixieren. Das Brett mit einem aufgeklebten Mini-Bus und einer Schleife dekorieren.

Tipp:

Frühstücksbrettchen mit Stadtplan gibt es von allen größeren deutschen Städten und europäischen Metropolen.

Goedendag Amsterdam

Material:

- kleiner Teller
- runder Käse
- Käsepicker mit Landesflagge
- Gutscheintext
- Klebefilm
- Zahnstocher
- „Holländerin" (Spielzeug)
- 2 Büroklammern

So geht's:

Den Käse auf dem Teller platzieren und den Gutscheintext mit einem Zahnstocher und die Flaggen hineinstecken. Die Büroklammern auseinander biegen, an die Waden des Püppchens kleben und damit in den Käse stecken.

Bonjour Paris!

Material:

- flache Schachtel oder Bilderrahmen
- Metrokarte (z. B. Serviette)
- Kleber
- Laugenstange
- Filzstifte (permanent)

So geht's:

Den Metroplan auf Schachtel- oder Rahmengröße falten und hinein kleben. Das Salz der Stange abreiben und mit den Filzstiften beschriften. Das „Baguette" auf die Schachtel- oder Rahmenecke kleben.

Weihnachtsmarkt-Euros

Material:
- Laterne
- Geldschein
- Stern-Vorlage (Seite 92)
- weißer Karton (10 x 10 cm)
- Pauspapier
- Kohlepapier
- roter Filzstift
- Geschenkband

So geht's:
Den Geldschein auf Fenstergröße falten und mit Klebefilm innen befestigen. Die Sternvorlage abpausen, mit Hilfe von Kohlepapier auf den Karton übertragen, beschriften, ausschneiden und mit Geschenkband an die Laterne kleben.

Oktoberfest

Material:
- „Weißwurstfrühstück" (Spielzeug)
- Gutscheintext
- Kleber

So geht's:
Das „Weißwurstfrühstück" mit dem Gutscheintext bekleben.

Kurzurlaub

Auf zur Gartenschau!

Material:

- Blumensamen-Tüte
- kleine Schachtel
- Stoff- oder Papierblüte
- Kleber
- Einladungstext

So geht's:

Die Blume in die Schachtel und den Text in den Deckel kleben. Die Schachtel auf die Samentüte aufkleben.

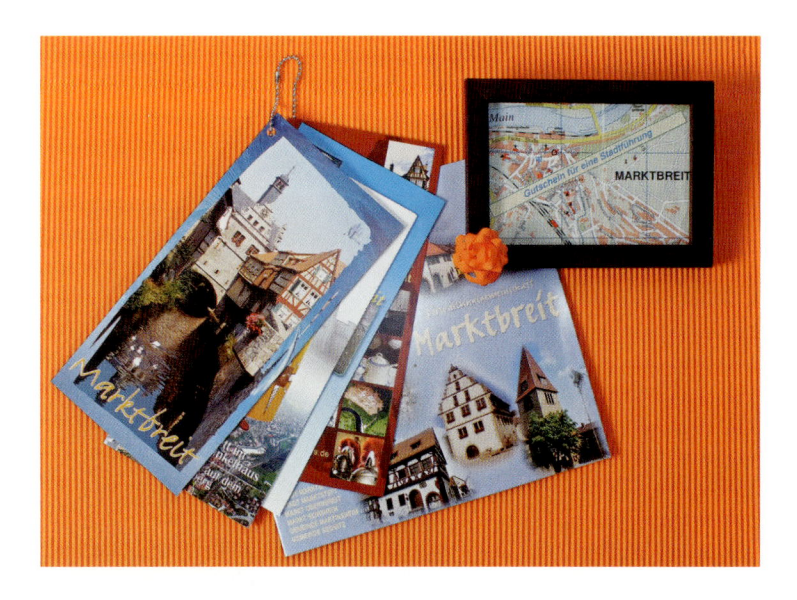

Stadtführung

Material:

- Stadtplan
- kleiner Bilderrahmen
- Kleber
- Gutscheintext
- Schleife
- Locher
- Stadtflyer
- Kettchen (Schlüsselanhänger)

So geht's:

Den Stadtplan passend falten oder schneiden und rahmen. Den Gutscheintext und die Schleife aufkleben. Die Flyer lochen und mit dem Kettchen zusammenhalten.

Schlossbesichtigung

Material:

- Prinzenrolle
- Gutscheintext
- Kleber
- Geschenkband
- Schlossroman
- Karton (DIN A4)
- Kronenvorlage (Seite 92)
- Pauspapier
- Kohlepapier
- Farbstifte
- Gutscheintext
- Geschenkband

So geht's:

Für „Prinzen" eine Prinzenrolle mit dem Gutscheintext bekleben und mit einer Schleife schmücken.
Für „Prinzessinnen" die Kronenvorlage abpausen und mit Hilfe von Kohlepapier auf den Karton übertragen. Die Krone ausmalen, ausschneiden und auf das Romanheftchen kleben. Mit Gutscheintext und Schleife komplettieren.

Kultur erleben

Einladung zur Kunstausstellung

Material:
- Dosensuppe von Campbell's
- Einladungstext
- Klebefilm
- Geschenkkordel

So geht's:

Die legendäre Dosensuppe, die Andy Warhol zum Kultobjekt machte, mit dem Einladungstext umwickeln und mit Klebefilm fixieren. Mit einer Geschenkkordel schmücken.

„Müllers Lust"

Material:
- Blasenpflaster
- Puppen-Rucksack
- Gutscheintext

So geht's:

Den Gutscheintext auf die Blasenpflaster kleben. Die Pflaster im Rucksack „verstecken".

Abenteuer Zelten

Material:
- Pop-Up-Karte mit Zelt-Szene
- Gutscheintext
- Kleber

So geht's:

Den Gutscheintext passend gestalten und auf die vorgesehene Stelle in der Szene kleben.

Einladung zum Picknick

Material:
- kleines Märchenbuch „Rotkäppchen"
- Einladungstext
- Kleber

So geht's:

Ganz einfach den Einladungstext auf das Büchlein kleben.

Frischluftkuren

Pilzbestimmungs-Kurs

Material:
- kleines Tablett
- Moos
- 3 Deko-Pilze
- 3 kleine Nägel
- Heißkleber
- Deko-Salamander (o. Ä.)
- Gutscheintext

So geht's:

Das Tablett mit Moos füllen. Auf der Unterseite der Pilze diese mit Heißkleber mit den Nagelköpfen verbinden. Die Pilze in das Moos stecken. Gutscheintext und Salamander auf das Moos legen.

Speed-Dating

Material:

- Schachtel mit transparentem Deckel
- Deko-Herz
- Zungen-Tatoos (Süßware)
- Mundspray
- Kleber
- Gutscheintext
- Geschenkband

So geht's:

Alle Utensilien mit Kleber in der Schachtel anbringen. Den Text und die Schleife auf dem Deckel aufkleben. Die spiegelverkehrten Tatoos hinterlassen auf der Zunge eine lesbare Botschaft z. B. Superheld!

Candlelight-Dinner

Material:

- kleine Geschenkschachtel
- Miniatur-Falsche und -Gläser (z. B. Tortendeko)
- Kleber

So geht's:

Die Miniaturen in die Schachtel kleben. Ohne Worte ist hier klar, dass es richtig romantisch wird!

Lust & Liebe

Flirtkurs-Euros

Material:
- Motivkarte
- kleiner Frosch
- Gutscheintext
- Kleber
- Geschenkband
- Geldschein

So geht's:

In der unteren Ecke der Karte das Geschenkband durch zwei kleine Löcher ziehen und den gerollten Geldschein damit befestigen. Den Text und den Frosch auf die Karte kleben.

Ein Paar sagt JA

Hochzeits-Tüten

Material:

- 2 Flaschen-Geschenktüten mit Paarmotiv
- Tüllstoff (ca. 20 x 20 cm)
- „Perlenkette"
- Klebefilm
- Deko-Herzchen
- Kleber
- 2 Flaschen Sekt oder Wein
- Geldscheine
- Geschenkband

So geht's:

Die Geldscheine und das Geschenkband um die Falsche wickeln und mit Klebefilm fixieren. Die „Brauttüte" mit Tüllstoff, Perlenkette und Herzchen dekorieren. Die Sektflaschen in die Tüten stecken.

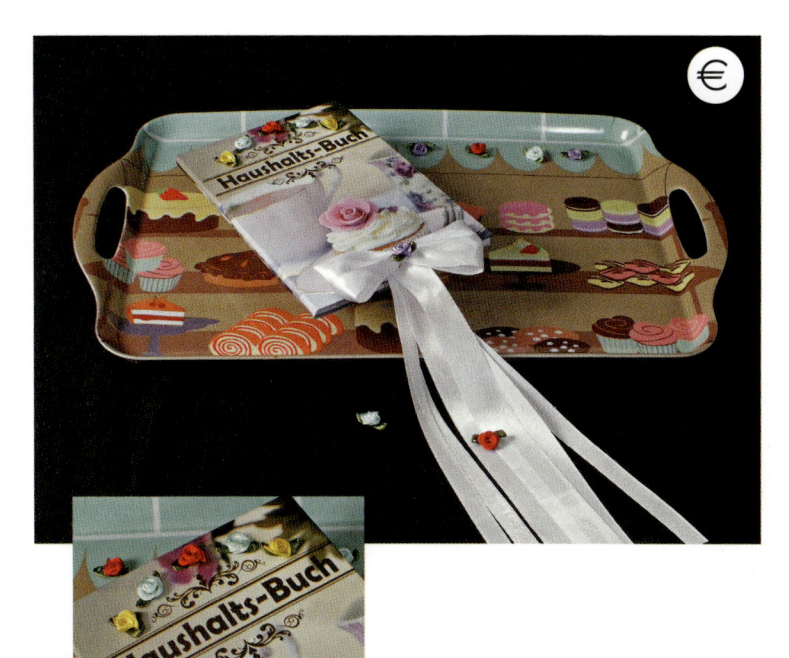

Haushaltsbuch mit kostbarem Inhalt

Material:

- dekoratives Haushaltsbuch
- Stoffröschen
- Kleber
- Geldschein
- Klebefilm

So geht's:

Den Geldschein mit Klebefilm im Buch anbringen. Das Buch mit Stoffröschen und Schleife bekleben.

Euros für ein Haushaltsgerät

Material:

- Dose (für Waschmittel oder Spültabs)
- Geldscheine
- Geschenkband

So geht's:

Die Geldscheine in die Dose legen und die Dose mit einer weißen Hochzeits-Schleife schließen.

Gutschein fürs erste Gefährt

Material:

- Mini-Bobby-Car
- Gutscheintext
- Kleber

So geht's:

Einfach den Gutscheintext an die Verpackung des Autos kleben, so dass er gut lesbar ist.

Schühchengeld

Material:

- günstige Stoffschühchen in transparenter Verpackung
- breites Seidenband
- Kleber
- Geschenk- und Ringelband
- Geldschein

So geht's:

Die Schachtel bis auf die Schuhe leeren. Den gerollten Geldschein in das Seidenband rollen, mit dem Ringelband beidseitig schließen und an den Deckel kleben. Das Geschenk mit einer Schleife schmücken.

Willkommen neuer Erdenbürger!

Euros fürs Baby

Material:

- kleine Schachtel
- Tortenspitze
- farbiges Papier
- Geldschein
- Klebefilm
- Watte
- Mini-Babys
- Kleber

So geht's:

Um eventuelle Werbeaufschrift abzudecken, ein Stück farbiges Papier in den Deckel kleben. Den Geldschein mit Klebefilm fixieren und mit einem Stück Tortenspitze etwas abdecken. Diese an den Kanten befestigen.

Die Schachtel mit Watte füllen und die Babys mit Kleber darauf platzieren.

Was Kids Spaß macht!

Euros für Fußballschuhe

Material:
- Radiergummis in Schuh- und Ballform
- transparente kleine Schachtel
- Karton mit Grasmotiv
- Kleber
- Geldschein

So geht's:

Aus dem Graskarton einen zur Schachtelgröße passenden Halbkreis schneiden. Die Schachtel zur Hälfte mit dem gleichen Karton auskleiden und den gerollten Geldschein hineinlegen. Schachtel, Ball und Schuh auf den Halbkreis kleben.

Geld fürs Spaßbad

Material:
- Papprolle
- Ferienkalender
- Klebefilm
- Geldschein
- Geschenkband
- Seifenblasen
- Kleber
- Text
- Gummiente

So geht's:

Den Kalender und den Geldschein um die Rolle wickeln und mit Klebefilm und Geschenkband fixieren. Die Seifenblasen mit Text bestücken und an die Rolle kleben. Mit einer Gummiente „krönen".

Reitvergnügen

Material:

- große Streichholzschachtel
- Geldschein
- Klebefilm
- Karton mit Grasmotiv
- Kleber
- Miniatur-Pferde
- Lesezeichen mit Pferdemotiv

So geht's:

Das äußere Schachtelteil mit dem Graskarton bekleben. Den Geldschein auf Schachtelgröße falten und in der Schachtel mit Klebefilm fixieren. Die Pferdchen mit Kleber am Schachtelrand anbringen.

Die Kordel des Lesezeichens durch ein Loch am schmalen Ende ziehen.

Pop-Rock-Euros

Material:

- Radiergummi in Gitarrenform
- kleine transparente Schachtel
- bunter Pfeifenreiniger
- Kleber
- Geldschein

So geht's:

Den Geldschein in Schachtelgröße falten und mit der Gitarre in der Schachtel platzieren. Einen Pfeifenreiniger zur Schleife biegen und an die Schachtel kleben.

Fast-Food-Money

Material:

- kleine Ketchuptüte
- Geldschein
- Klebefilm
- Zeichenkarton (DIN A4)
- roter Filzstift
- Kleber
- Cutter
- Pommestüten-Vorlage (Seite 95)
- Paus- und Kohlepapier
- Kartoffelsticks

So geht's:

Die Tütenvorlage abpausen, mit Kohlepapier auf den Karton übertragen und mit dem Cutter ausschneiden. Falzkanten leicht anritzen. Tüte beschriften und zusammenkleben. Den Geldschein falten, um die Ketchuptüte legen und mit Klebefilm fixieren. Die Tüte mit Kartoffelsticks und Ketchuptüte füllen.

Teenager-Goodies

Handy-Euros

Material:

- schwarzer Karton (ca. 8 x 19 cm)
- Geldschein
- Klebefilm
- i-gums (Fruchtgummi)
- Radiergummi in Handyform
- Kleber

So geht's:

Den Geldschein um den Karton legen und mit Klebefilm fixieren. Das Handy und die i-gums mit Kleber so anbringen, dass der Geldschein nicht mit dem Kleber in Berührung kommt.

51

Zusammen putzen?

Material:

- Reinigungsschwämme
- „Putzmusik"
- Geschenkband

So geht's:

Schwämme und CD mit einer Schleife zusammenbinden. Die Putz-CD gibt es im Drogeriemarkt. Eine eigene Zusammenstellung von Musiktiteln hat noch zusätzlich etwas Persönliches.

Heimwerker-Hilfe

Material:

- Papier-Schutzanzug
- Filzstifte
- Schleife

So geht's:

Den Papieranzug mit Filzstift beschriften und bemalen. Mit einer Schleife schmücken.

Zeit schenken!

Auf'n Flohmarkt zusammen?

Gemeinsam auf den Flohmarkt?

Material:

- weißer Karton (DIN A4)
- Tischvorlage (Seite 94)
- Pauspapier
- Kohlepapier
- Cutter
- Filzstift
- Kleber
- Küchentuch
- Miniaturen

So geht's:

Die Tischvorlage abpausen und mit Kohlepapier auf den Karton übertragen. Die Kante beschriften, den Tisch mit dem Cutter ausschneiden und ein Stück Küchentuch als Decke aufkleben. Mit „Flohmarktware" bestücken.

Münz-Adventskalender

Material:

- Adventskalender
- Cutter
- Münzen
- Klebefilm

So geht's:

Die Türchen des Kalenders vorsichtig mit dem Cutter aufschneiden. Die Schokolade herausnehmen und die Münzen hineinlegen. Die Türchen mit Klebefilm schließen, dabei das Ende zwei mal umknicken. So entsteht ein „Griff" zum Öffnen.

Engelshaar mit Überraschung

Material:

- goldenes Engelshaar
- runder Kunststoff-Behälter (z. B. für Zwiebeln)
- Geldschein
- goldenes Ringelband

So geht's:

Den Geldschein in den Behälter stecken. Diesen großzügig mit Engelshaar umwickeln und mit Ringelband zusammenhalten.

Weihnachtsgeld

Euro-Geschenkpäckchen

Material:

- Holz-Weihnachtsbaum
- kleine Geschenke (z. B. Schokolade o. Ä.)
- Geschenkpapier
- Geschenkbänder
- Heißkleber
- Klebefilm
- Geldschein

So geht's:

Die Kleinigkeiten alle hübsch verpacken, dabei den Geldschein für ein Päckchen als Geschenkpapier benutzen. Die Geschenke mit Heißkleber unter dem Baum dekorieren. Beim Geldschein den Heißkleber nur mit der Klebefilmstelle in Berührung bringen!

Gutschein für eine Jacke

Material:
- kleiner Weihnachtsmann
- Jacke (Modepuppe)
- Nähzeug
- Gutscheintext

So geht's:

Den Weihnachtsmann die Jacke anziehen und eventuell mit ein paar Stichen anpassen. Den Gutscheintext mit einem Faden umhängen.

Möbel-Gutschein

Material:
- 4 Sektkorken
- 1 Holzbrettchen
- Kleber
- Geschenkpapier
- Geschenkband
- Deko-Sternchen
- Gutscheintext

So geht's:

Die Sektkorken als Tischfüße an das Brettchen kleben. Einen Streifen Geschenkpapier als Tischläufer aufkleben. Den Tisch mit Schleife, Deko-Sternchen und Gutschein schmücken.

Weihnachts-Gutscheine

Gutschein für ein Schmuckstück

Material:

- Modeschmuck mit weihnachtlichen Anhängern
- farbiger Karton mit Gutscheintext
- weißer Karton zur Verstärkung
- Kleber
- dicke Nadel
- Garn
- Papier-Nikoläuse

So geht's:

Den Text auf den Karton schreiben oder einen Computer-Ausdruck erstellen und zur Verstärkung auf den weißen Karton kleben. In die oberen Ecken je zwei Löcher stechen, das Garn durchziehen und das Schmuckstück damit befestigen. Mit weihnachtlichen Glanzbildern dekorieren.

Ab ins Outlet

Material:

- Geschenkpapier
- Tütenvorlage (Seite 95)
- Paus- und Kohlepapier
- Kleber
- Geschenkband
- Markenlogos (Zeitschrift)
- Ringelband
- Gutscheintext

So geht's:

Die Tütenvorlage abpausen und mit Kohlepapier mehrmals auf die Rückseite des Geschenkpapiers übertragen. Die Vorlagen ausschneiden, die Tüten zusammenkleben und mit den Logos und Henkeln (ein Stück Ringelband) versehen. Alle Tüten zusammenbinden und den Text anhängen.

Sandalen-Euros

Material:

- farbiger Karton (DIN A5)
- Sohlenvorlage (Seite 94)
- Paus- und Kohlepapier
- 2 Sektkorken-Köpfe
- Kleber
- 4 Gefrierbeutel-Clips
- Geschenkband
- Klebefilm

Die Abbildung zeigt die Variante mit 5 Euro-Scheinen. Bei größeren Scheinen die Vorlage jeweils um 10% vergrößern.

So geht's:

Sohlenvorlage abpausen, mit Kohlepapier auf den Karton übertragen und ausschneiden. Sohlen am Ende der Hacke nach vorne und im Spann leicht nach hinten knicken.

Korken-Köpfe als Absatz ankleben. Clips mit dem Geschenkband bekleben, rund biegen und unter der Sohle mit Klebefilm fixieren. Geldscheine im Zickzack falten, mittig knicken und die Enden mit Klebefilm zusammenhalten. Fächer mit Klebefilm am Riemchen befestigen.

Shoppppiiiing!

„Taschengeld"

Material:

- Geldbörse
- kleine Handtasche (Modepuppe)
- Geldschein
- Klebefilm

So geht's:

Den Geldschein klein falten und in der kleinen Handtasche „verstecken". Wer keine Börse mit der Aufschrift „Taschengeld" bekommt, kann dies auch auf die Tasche oder Börse selbst schreiben oder sogar sticken.

Tapeten-Euros

Material:

- kleine Schuhschachtel
- farbiges Papier
  (je nach Geldscheinfarbe)
- Kleber
- Geldscheine
- Klebefilm
- Geschenktext
- Geschenkband

So geht's:

Ein langes Seitenteil der Schachtel innen mit dem farbigen Papier bekleben. Die Rückwand mit den Geldscheinen „tapezieren". Dafür nur Klebefilm verwenden! Den Text mit Kleber und einen gerollten Geldschein mit Klebefilm anbringen.

Kunst-Investition

Material:

- Schuhschachtel
- „Gemälde"
- Geldschein
- Klebefilm
- farbiger Karton
- Weinkorkenscheiben
- Kleber
- Geschenkband

So geht's:

Den Geldschein auf Wunschgröße falten und im Kartonrahmen mit Klebefilm fixieren. Weitere „Gemälde" in der gleichen Größe rahmen. Jeweils auf der Rückseite der Bilder eine Korkenscheibe mit Klebefilm anbringen. Damit die Bilder in die Schuhschachtel kleben. Text einkleben und die „Galerie" mit einer Schleife dekorieren.

Deko-Euros

Vasen-Euros

Material:

- Miniatur-Vase
- Käseschachtel
- Holzwolle o. Ä.
- Geschenktext
- Garn
- Geldschein

So geht's:

Die Käseschachtel mit der Holzwolle füllen. Den gerollten Geldschein in die Vase stecken und diese in die Holzwolle betten. Mit dickem Garn den Text anhängen.

Ballonfahrt

Material:

- Girlande mit Fesselballons
- Geldscheine
- Klebefilm

So geht's:

Ganz einfach die Geldscheine in Größe der Körbe falten und mit Klebefilm darauf anbringen.

Tandemsprung

Material:

- 2 Deko-Bienen o. Ä.
- Heißkleber
- Strohhalm mit Knick
- Klebefilm
- Ballon
- Geschenkband
- Gutscheintext

So geht's:

Die Bienen mit Heißkleber aufeinander kleben. Den Strohhalm auf ca. 10 cm kürzen, knicken und mit Klebefilm auf dem Rücken der oberen Biene anbringen. Den Ballon aufblasen, verknoten und mit Geschenkband am Strohhalm festbinden. Den Gutscheintext ankleben.

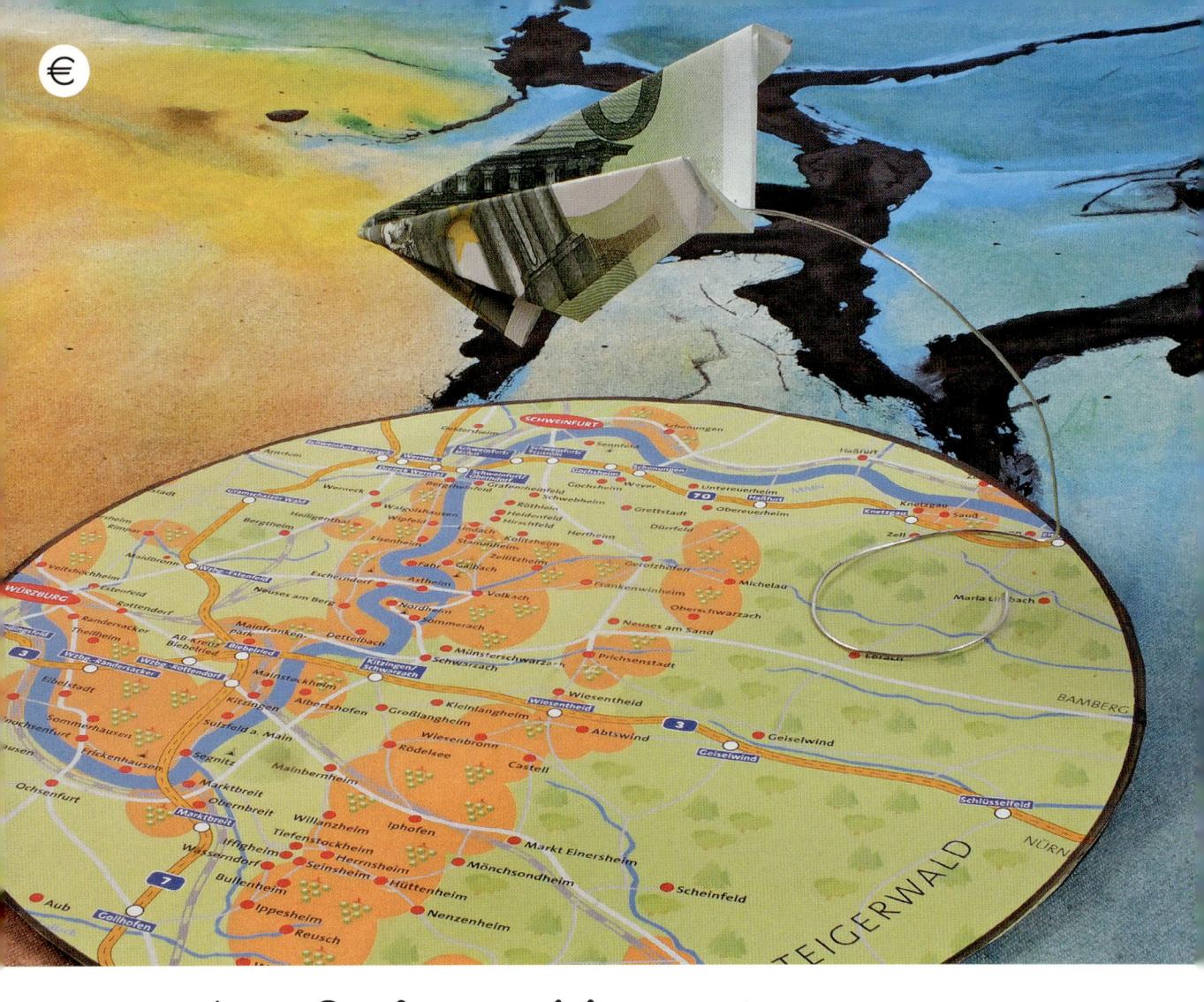

Luftige Abenteuer

Rundflug

Material:
- Landkarte von der Gegend
- Karton
- Kleber
- Draht (ca. 20 cm)
- Klebefilm
- Geldschein

So geht's:

Mit einem Teller in gewünschter Größe auf der Landkarte und dem Karton Kreise ziehen, ausschneiden und aufeinander kleben.
Den Geldschein zum Flieger falten: längs mittig falten, zwei Ecken bis zum Falz knicken, und wiederholen.
Ein Drahtende zum Kreis biegen und diesen mit Klebefilm auf der Karte anbringen, am anderen Ende den Flieger.

Paintball

Material:

- Wasserpistole
- roter Karton
- Farbklecks-Vorlage (Seite 94)
- Pauspapier
- Kohlepapier
- Filzstift
- Klebefilm

So geht's:

Den Farbklecks abpausen, mit Kohlepapier auf den roten Karton übertragen und ausschneiden. Das geht am besten mit einer Nagelschere. Den Klecks beschriften und mit Klebefilm an der Pistole befestigen.

Baggerfahren

Material:

- Bagger (Spielzeug)
- Gutscheintext auf Karton
- Klebefilm
- Styroporschale
- Sand

So geht's:

Den Gutscheintext auf einen stärkeren Karton schreiben und den Karton so ausschneiden, dass er am Bagger festgeklebt gut lesbar ist. Den Bagger in eine mit Sand gefüllte Schale setzen.

Outdoor-Abenteuer

Überlebens-Training

Material:

- 1 Rolle Toilettenpapier
- Dschungel-Set (Spielware)
- Gutscheintext
- Kleber
- Pappteller

So geht's:

Die Rolle mit dem Gutscheintext und den Utensilien bekleben. Auf einem Pappteller überreichen.

Rundum schön!

„Kopfgeld"

Material:

- Kunsthaar auf Haargummi
- 1 Dose Haarspray
- Klebefilm
- Geldschein
- Mini-Fön (Spielware)
- Kleber
- Schleife

So geht's:

Den Geldschein um die Dose wickeln und mit Klebefilm fixieren. Das Haargummi überstülpen und den kleinen Fön mit Kleber anbringen (nicht auf dem Geldschein). Mit einer Schleife schmücken.

Kosmetikbehandlung

Material:

- Porzellan-Teller
- Schaschlikstäbchen
- Wattebällchen
- Kleber
- kleine Baisers
- Gutscheintext

So geht's:

Die Wattebällchen auf das Stäbchen stecken und auf den Teller kleben.

Den „Cremetupfer" (Baiser) und den Gutscheintext mit Kleber platzieren.

Naildesign

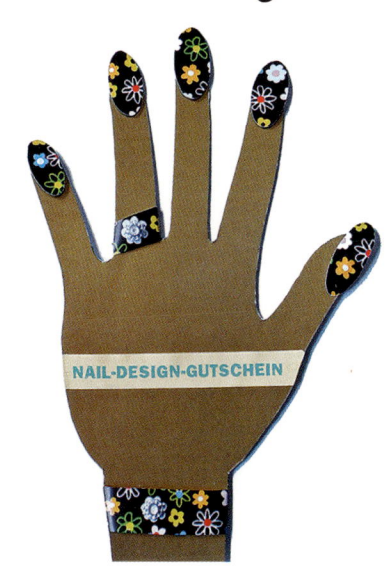

Material:

- Geschenkpapier
- goldfarbener Karton
- Hand- und Nagelvorlage (Seite 95)
- Pauspapier
- Kleber
- Deko-Steinchen
- Gutscheintext

So geht's:

Die Vorlagen abpausen und grob ausschneiden. Die Nägel auf die Rückseite des Geschenkpapiers und die Hand auf die Rückseite des Kartons kleben. Beides sauber ausschneiden und die Fingernägel aufkleben. Die Hand mit Armband und Ring aus Geschenkpapier schmücken und die Schmucksteine aufkleben. Den Gutscheintext anbringen.

Nichtraucher werden

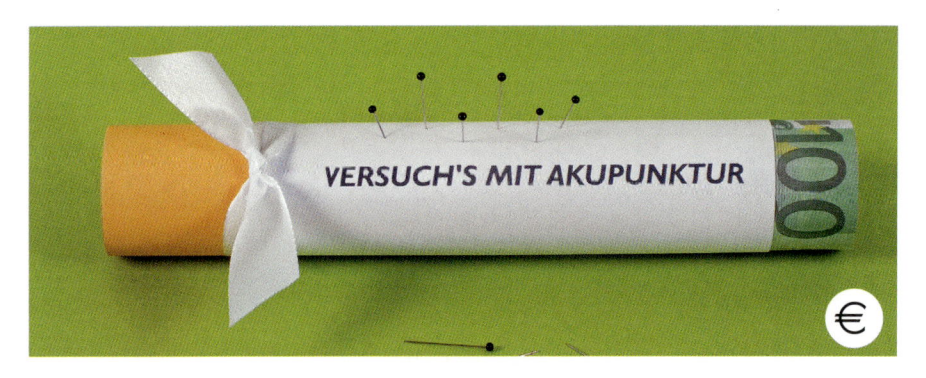

Material:

- Papprolle (Küchentücher)
- Geldschein
- weißes Papier (14 x 17 cm)
- gelbes Papier (5,5 x 14 cm)
- Filzstift
- Klebefilm
- Stecknadeln
- Geschenkband

So geht's:

Den Geldschein um ein Ende der Rolle wickeln und mit Klebefilm fixieren. Das weiße Papier beschriften und mit dem gelben Papier ebenfalls um die Rolle wickeln und mit Klebefilm fixieren. Mit dem Geschenkband und hineingesteckten Nadeln schmücken.

Homöopathie Grundkurs

Material:

- Büchlein zum Thema
- Geschenkband
- Geldschein
- Klebefilm
- kleines Fläschchen
- „Kügelchen" (Süßware)
- Text

So geht's:

Das Büchlein mit dem Text und der mit „Kügelchen" gefüllten Falsche bekleben. Den gefalteten Geldschein mit Klebefilm anbringen. Mit einer Schleife schmücken.

Alles für die Gesundheit!

Machen wir zusammen eine Diät?

Gemeinsam Diät machen?

Material:
- lustige Schale
- Weintrauben
- Sprechblasen-Vorlage (Seite 93)
- Pauspapier
- Kohlepapier
- Karton
- Filzstifte
- Klebefilm

So geht's:

Die Sprechblase abpausen, mit Kohlepapier auf den Karton übertragen, beschriften und ausschneiden. Die Schale mit Weintrauben füllen und die Sprechblase mit Klebefilm platzieren.

Yoga-Kurs

Material:

- Seifenschale
- kleiner Buddha
- Tütchen
- Geldschein
- Kleber
- Geschenktext

So geht's:

Den Buddha und die mit dem Geldschein gefüllte Tüte in die Schale kleben. Die Schale mit dem Geschenktext versehen.

Meditations-Kurs

Material:

- Nackenrolle
- Geschenktext
- Kleber
- Geldschein
- Geschenkband

So geht's:

Um die Nackenrolle eine Schleife binden und den Geldschein darunter schieben. Den Text mit Kleber anbringen.

Entspannung pur!

Schoko-Massage

Material:
- Schoko-Figur
- Bastelfilz (DIN A4)
- Kleber
- Geschenktext
- Geldschein
- dicke Nadel
- dünne Schnur

So geht's:

Den Bastelfilz längs halbieren und aufeinander kleben. Mit der Nadel die Schnur durch das Textblatt ziehen und damit den gerollten Geldschein befestigen. Den Text und die Figur auf den Filz kleben.

In anderen Sphären

Ausdruckstanz

Material:

- Gliederpuppe (Zeichenbedarf)
- Geschenkband
- Gutscheintext

So geht's:

Ganz einfach der Puppe den Gutscheintext mit Geschenkband um den Hals hängen.

Feng-Shui-Kurs

Material:

- Schachtel
- Kieselstein
- heller Lackstift
- Vogelsand
- Geldschein

So geht's:

Den Kieselstein mit dem Lackstift beschriften. Die Schachtel mit Vogelsand füllen und Stein und Geldschein hinein drapieren.

Hexen-Wochenende

Material:

- Reisig
- Klebefilm
- Bindfaden
- schwarzer Karton (10 x 10 cm)
- Hutvorlage (Seite 92)
- Pauspapier
- Kohlepapier
- heller Lackstift
- Geldschein

So geht's:

Das Reisig auf etwa 20 cm lange Stücke brechen, für den Besenstiel ein ca. 30 cm langes Stück. Die kurzen Stücke rund um das Stielende legen und mit Klebefilm fixieren. Die Klebefilmstelle mit Bindfaden abdecken.

Hutvorlage abpausen, mit Kohlepapier auf den Karton übertragen, beschriften und ausschneiden. Hut und gefalteten Geldschein mit Klebefilm anbringen.

Haustier-Sitting

Material:

- Karton
- Filzstift
- Stofftier
- Kleber

So geht's:

Den Karton in „Tiergröße" zuschneiden und das Stofftier aufkleben. Den Text an den Rand des Kartons schreiben.

Renovierungshilfe

Material:

- Küchenpinsel
- Kordel
- Gutscheintext
- Locher

So geht's:

Den Gutscheintext lochen und mit einer Kordel an den Pinsel hängen.

Erfreulich Häusliches

ACHTUNG! LUXUS!

GELD FÜR'N FENSTERPUTZER!

Fensterputz-Luxus

Material:

- Karton
- Filzstift
- Pralinenplissee
- Kleber
- Geldschein
- Klebefilm

So geht's:

Den Karton beschriften und das „Fenster" (Plissee) aufkleben. Den Geldschein mit Klebefilm fixieren. Darauf achten, dass der Kleber nicht mit dem Geldschein in Berührung kommt.

5 x Schnee fegen

Material:

- Glas mit Deckel
- Lackstift (silber)
- Füllwatte
- Geschenkband
- Bleistift
- Karton (4,5 x 6,5 cm)
- Kleber
- Gutscheintext

So geht's:

Das Glas mit dem Text bekleben und mit der weißen Watte füllen. Deckel, Bleistift und Karton silberfarben anmalen. Den Karton etwas rund zur Schaufel biegen und an den Bleistift kleben. Mit einer Schleife schmücken.

Gartenarbeit

Material:

- Kugelpflanze
- Kräuter-Steckschild
- Gutscheintext
- Kleber

So geht's:

Das Kräuterschild mit dem Text bekleben und in die Pflanze stecken.

Rund ums Haus

Neubau-Euros

Material:

- Papphaus (Geschenkkarton)
- Geldschein
- Geschenkband

So geht's:

Den Geldschein mittig knicken, auf das Dach legen und mit einer Schleife fixieren.

Handmade!

Nähmaschinen-Obolus

Material:

- Schnittbogen
- farbiges Papier
- schwarzer Filzstift
- Geldschein
- Faltanleitung (Seite 96)
- Klebefilm
- 3 Knöpfe

So geht's:

Aus dem farbigen Papier einen Kreis und einen Textstreifen (beschriften) schneiden und auf den Schnittbogen kleben. Den Geldschein nach Anleitung zum Hemd falten und mit Klebefilm im Kreis anbringen. Mit Knöpfen dekorieren.

Für deinen hübschen Kopf

Material:

- Puppenhut oder -mütze
- Foto
- Gutscheintext
- Kleber
- Strohhalm
- Klebefilm

So geht's:

Foto im Kopf- und Schulterbereich freischneiden. Das Unterteil (ca. 3 cm) nach hinten knicken und mit Hilfe eines mit Klebefilm angebrachten Strohhalms zum Stehen bringen. Den Gutscheintext aufkleben. Die Kopfbedeckung aufsetzen und eventuell festkleben.

Socken stricken

Material:

- weißer Karton (DIN A4)
- Filzstift
- Fußvorlage (Seite 92)
- Pauspapier
- Kohlepapier
- Wollrest
- Klebefilm

So geht's:

Die Fußvorlage abpausen, mit Kohlepapier auf den Karton übertragen, beschriften und ausschneiden. Den Fuß mit Wolle umwickeln, dabei Anfang und Ende auf der Rückseite mit Klebefilm fixieren.

Süßer Küchenzauber

Plätzchen backen

Material:
- Keksdose
- 3 Plätzchen
- Puderzucker
- Kleber
- Text

So geht's:

Die Plätzchen mit Puderzucker (mit warmem Wasser anrühren) und den Text mit Kleber in die Dose kleben.

Zusammen Marmelade kochen

Material:
- Gelierzucker
- Deko-Erdbeere
- Kleber
- Geschenkband
- Text

So geht's:

Die Erdbeere mit Kleber auf dem Zuckerpäckchen anbringen. Ein Schleife herum binden und daran den Text hängen.

Zusammen Pralinen kreieren

Material:
- leere Pralinenschachtel
- Pralinenförmchen
- Kleber
- Text

So geht's:

Die leeren Förmchen in die leere Schachtel füllen. Den Text in den Deckel kleben.

Salat für die nächste Party

Material:

- Tischset mit passendem Motiv
- Kleber
- Text

So geht's:

Ganz einfach den Text auf das Tischset kleben.

Torte fürs nächste Kaffeekränzchen

Material:

- runde Tortenspitze
- farbiger Karton (so groß wie die Tortenspitze)
- Papier (so groß wie das Tortenspitzen-Innere)
- Kleber
- Stoffröschen
- Filzstift

So geht's:

Karton, Tortenspitze und darauf den beschrifteten Papierkreis aufeinander kleben. Mit den Röschen dekorieren (Kleber).

Bowle fürs nächste Fest

Material:

- Papier mit Farbverlauf (DIN A4)
- Karton (DIN A4)
- Bowlevorlage (Seite 93)
- Pauspapier
- Kohlepapier
- Kleber
- Text
- Deko-Picker
- Fruchtgummis

So geht's:

Die Bowlenvorlage abpausen, mit Kohlepapier auf das Papier übertragen, zur Verstärkung auf den Karton kleben und ausschneiden. Auf Picker gesteckte Fruchtgummis und den Text aufkleben.

Büchergeld

Goethe trifft Schiller

Material:

- Miniatur-Büsten oder Kopfvorlagen (Seite 96)
- weißer Karton (DIN A 5)
- Pauspapier
- Kohlepapier
- Sprechblasen-Vorlage (Seite 96)
- schwarzer Filzstift
- Geldschein
- Klebefilm
- Schachtel
- Kleber

So geht's:

Die Sprechblasenvorlage und die Köpfe abpausen, mit Kohlepapier auf den Karton übertragen, die Sprechblase beschriften und alles ausschneiden.
Den Deckel der Schachtel im rechten Winkel in die Schachtel kleben. Die Sprechblasen mit Klebefilm platzieren.

Den Geldschein längs zu einem schmalen streifen falten. Diesen im kleinen Zickzack falten, als Kragen um einen Hals legen und mit Klebefilm fixieren. Die Köpfe auf der „Schachtel-Bühne" ankleben.

Lyrische Euros

Material:

- Frühstücksbrettchen
- Geldschein
- 4 Papiertaschentücher
- Klebefilm
- „Titel"
- Geschenkband

So geht's:

Vier Taschentücher gefaltet lassen und auf Geldscheinbreite zuschneiden. Den Geldschein so knicken, dass in der Mitte ein „Buchrücken" von ca. 2 cm entsteht. Taschentücher einzeln mittig als Buchseiten falten und mit Klebefilm in dem "Buchumschlag" fixieren. Mit Klebefilm einen Fantasietitel auf dem „Buch" und das „Buch" auf dem Brettchen anbringen. Mit Geschenkband schmücken.

Lesezeichen für Kids

Material:

- Klemm-Lesezeichen
- Buchseiten-Vorlage (Seite 93)
- farbiger Karton (DIN A6)
- Paus- und Kohlepapier
- Cutter
- Geldschein

So geht's:

Die Buchseiten-Vorlage abpausen, mit dem Kohlepapier auf den Karton übertragen. Mit dem Cutter im oberen Viertel einen Schlitz schneiden. Durch diesen das Klemm-Lesezeichen durchschieben. Den gefalteten Geldschein einklemmen.

Pannenkurs

Material:
- farbiger Karton
- Filzstift oder heller Lackstift
- Spielzeugauto
- Wundpflaster

So geht's:

Entsprechend der Größe des Autos mit Hilfe eines Tellers einen Kreis ziehen, beschriften und ausschneiden. Das Auto mit Wundpflaster auf den Kreis kleben.

Schleuderkurs

Material:
- weißer Karton (DIN A4)
- graues Papier
- Kleber
- Gutscheintext
- 6 kurze weiße Streifen
- Dunstabzugsfilter
- Geschenkband

So geht's:

Filter auf ca. 19 x 23 cm zuschneiden, mittig knicken und eine „Kurve" hinein schneiden. Filterteile mit Abstand auf das graue Papier kleben, die weißen Mittelstreifen und den Text aufkleben. Das Ganze mit Karton verstärken. Mit einer farblich passenden Schleife schmücken.

Gute Fahrt!

Strafzettel-Spende für Anfänger

Material:
- Polizeikelle (Spielware)
- Geschenkband
- Text
- Geldschein
- Klebefilm

So geht's:

Das Geschenkband durch das Textkärtchen ziehen und damit den gerollten Geldschein befestigen. Das Kärtchen mit Klebefilm an der Kelle anbringen.

Gutschein aus dem Modeladen

Material:

- Gutscheinkarte
- modische Geschenktasche
- Schleife (selbstklebend)
- Klebefilm
- eventuell Seidenpapier

So geht's:

Die Gutscheinkarte mit einer Schleife dekorieren und mit Klebefilm an der Tasche befestigen. Die Tasche eventuell mit zerknülltem Seidenpapier o. Ä. füllen.

Gutschein aus dem Möbelhaus

Material:

- Gutscheinkarte
- Möbelhaus-Maskottchen
- Klebefilm
- Geschenkband

So geht's:

Um die Gutscheinkarte eine Schleife binden. Die Karte mit Klebefilm am Maskottchen anbringen.

Gutschein aus der Parfümerie

Material:

- Gutscheinkarte
- farblich passendes Pflegeprodukt
- Text
- Geschenkband
- dünne Geschenkschnur
- Klebefilm

So geht's:

Die Gutscheinkarte mit Klebefilm auf das Pflegeprodukt anbringen. Den Text mit dünner Geschenkschnur anhängen. Mit einer Schleife schmücken.

Gekaufte Gutscheine pimpen!

Gutschein für den Supermarkt

Material:

- Gutscheinkarte
- Miniatur-Einkaufswagen
- Miniatur-Lebensmittel
- Klebefilm
- Schleife

So geht's:

Den Einkaufkorb mit den kleine Lebensmittelpackungen füllen und mit einer Schleife dekorieren. Die Gutscheinkarte mit Klebefilm anbringen.

Gutschein aus dem Buchladen

Material:

- Bücher- Gutschein
- Buchtasche
- Schleife (selbstklebend)

So geht's:

Den Gutschein in der Tasche „verstecken" und die Tasche mit einer Schleife bekleben.

Einkaufsquellen

Buchhandel

Wo findet man den Blechvogel von Seite 23? Diesen zum Beispiel im Buchhandel, der sich als wahre Fundgrube entpuppt, wenn es um originelle Accessoires geht.
Die witzigen Papiertaschentücher (Seite 15), die Pop-Up-Karte (Seite 40), die Frühstücksbrettchen mit Londonmotiv (Seite 34) und Büchermotiv (Seite 85) sind alles Fundstücke aus dem Bücherladen. Sogar die Zungen-Tatoos (Seite 42) und die Büsten von Goethe und Schiller (Seite 84) stammen von hier.

Spielzeugladen

Ein wahres Eldorado für kreative Inspiration:
der Spielzeugladen!
Hier findet man zu fast jedem Thema etwas in Miniaturausgabe: vom Esel (Seite 7), Bobby-Car (Seite 46) über Fernglas (Seite 12) und Weißwurstfrühstück (Seite 36) bis hin zur Polizeikelle (Seite 87) und winzig-kleinen Babypüppchen (Seite 47).

Geschäfte für Wohn-Deko

In Geschäften für Wohnaccessoires sucht man nicht lange, um Originelles zu finden. Ob Deko-Fische (Seite 29), Keksdose (Seite 80), Party-Picker (Seite 33) oder Seifenschale (Seite 70) – hier ist oft Gewöhnliches effektvoll ungewöhnlich!

Geschenkladen

Wie der Name schon sagt, sind natürlich Geschenkeläden eine sichere Quelle rund ums Thema Schenken. Ob ein Necessaire in Flipflop-Form (Seite 32), Haushaltsgeräte als Dosen (Seite 45) oder eine Geschenkschachtel als Haus (Seite 77) – ein Paradies, um für Geld- oder Gutscheine das passende Drumherum zu finden.

Schreibwarenladen

Auch der Schreibwarenladen bietet, außer hübschem Geschenkverpackungs-Material, so manches, das sich wunderbar eignet, um zweckentfremdet als ausgefallenes Geschenk-Objekt zu dienen. Radiergummis in außergewöhnlichen Formen zum Beispiel als Fußball (Seite 48) oder Handy (Seite 51). Auch die Gliederpuppe (Seite 72) stammt aus dem Schreibwarenhandel.

Möbelhaus

Ein Gang durch die Abteilung für Wohn-Deko in Möbelhäusern wird meist zur erfolgreichen Schatzsuche! Nicht nur Bierdeckel und Servietten mit ausgefallenem Muster (Seite 10) oder Tischsets mit besonderen Motiven (Seite 82) – so weit das Auge reicht gibt es hier vieles, das Geld- und Gutscheingeschenke zum Thema passend aufpeppt.

Überall und anderswo

Ungewöhnliches findet man aber auch anderswo. Die Dekopilze (Seite 41), das Pummelchen (Seite 69) und die Filzerdbeere (Seite 81) sind aus einem Blumenladen. Die winkende Glückskatze (Seite 6) war ein Geschenk eines Asia-Restaurants, die Holländerin (Seite 35) die Zugabe einer Fast-Food-Kette und die Putz-CD (Seite 52) aus einer Drogerie. Das einzige Objekt, das in diesem Buch tatsächlich im Internet bestellt wurde, ist die Campbell's Dosensuppe (Seite 39).

Über den Umgang mit Geldscheinen

Ein Geldschein wird von der Bank jederzeit umgetauscht, wenn er beschädigt ist. Es muss aber erkennbar sein, dass es sich um einen Geldschein handelt und die Seriennummer muss komplett sein.
Gerade beim Verschenken eines Geldscheines, sollte man darauf achten, dass dieser unbeschädigt beim Beschenkten ankommt und dieser ihn ohne große Mühe und ohne ihn versehentlich zu beschädigen vom Geschenk lösen kann.
Daher ist es am besten bei den Bastelarbeiten nur mit Klebefilm zu arbeiten. Sollte die Heißklebepistole oder ein anderer flüssiger Kleber zum Einsatz kommen, dann sollte man an der gewünschten Klebestelle vorher ein Stück Klebefilm am Schein anbringen und diese Stelle dann zum Weiterverkleben benutzen!
Wer einen Schein glattbügeln möchte, der sollte diesen zwischen Geschirrtüchern dämpfen.

Über das Übertragen von Vorlagen

In diesem Buch wird das Übertragen der Vorlagen immer auf die gleiche Weise vorgegeben: die Vorlage durchpausen (Pauspapier) und mit Kohlepapier auf das Papier oder den Karton übertragen.
Diese Vorgehensweise lässt sich vereinfachen, indem man die Vorlage auf dünnem Butterbrotpapier durchpaust und mit einem Kugelschreiber auf die jeweilige Grundlage drückt. Selbstverständlich kann auch ganz einfach auf einem Kopierer kopiert oder im Computer eingescannt und ausgedruckt werden, wenn die Möglichkeit besteht.

Seite 6 Nudelbox

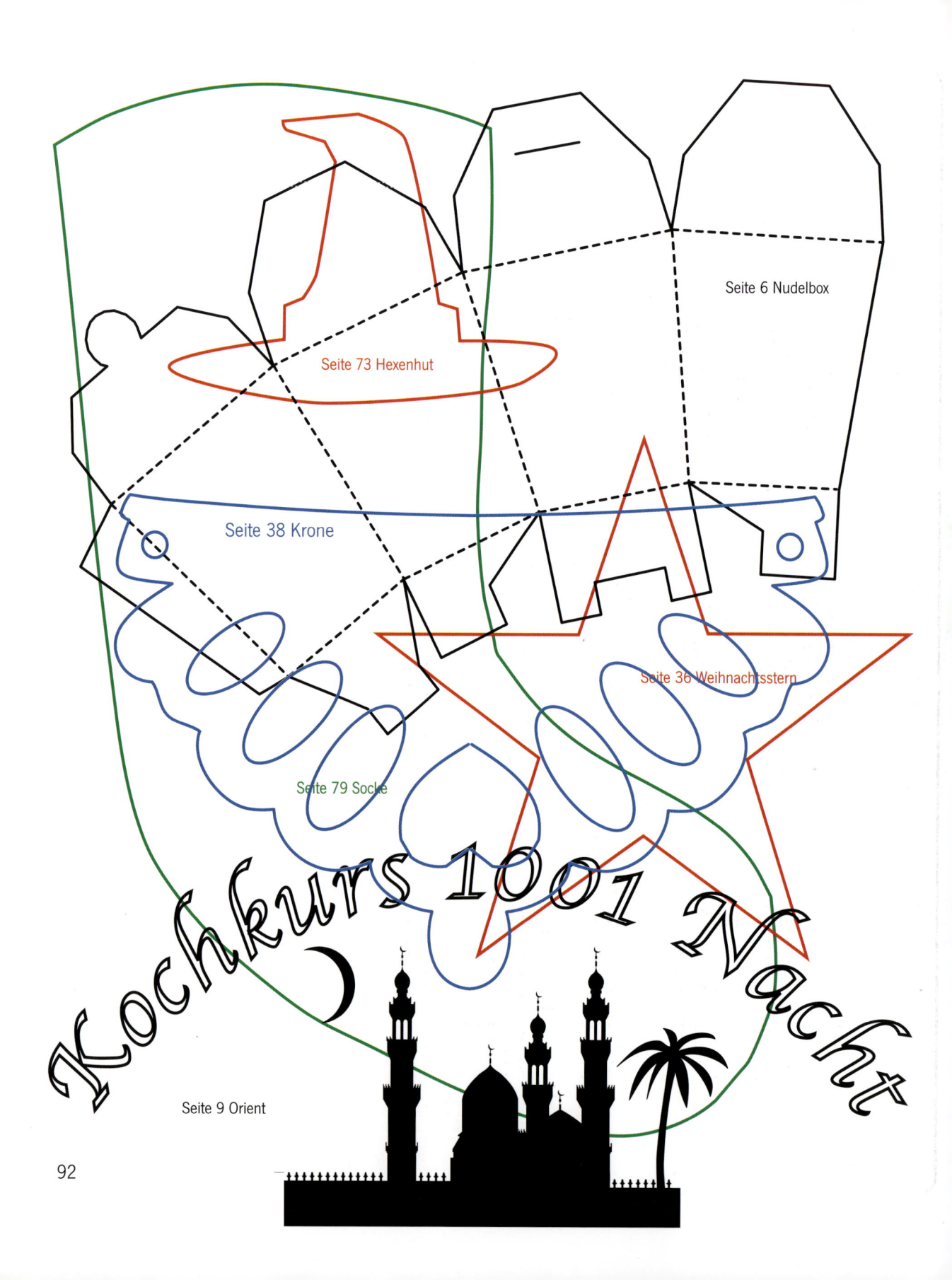

Seite 73 Hexenhut

Seite 38 Krone

Seite 36 Weihnachtsstern

Seite 79 Socke

Kochkurs 1001 Nacht

Seite 9 Orient

Seite 19 Computertastatur

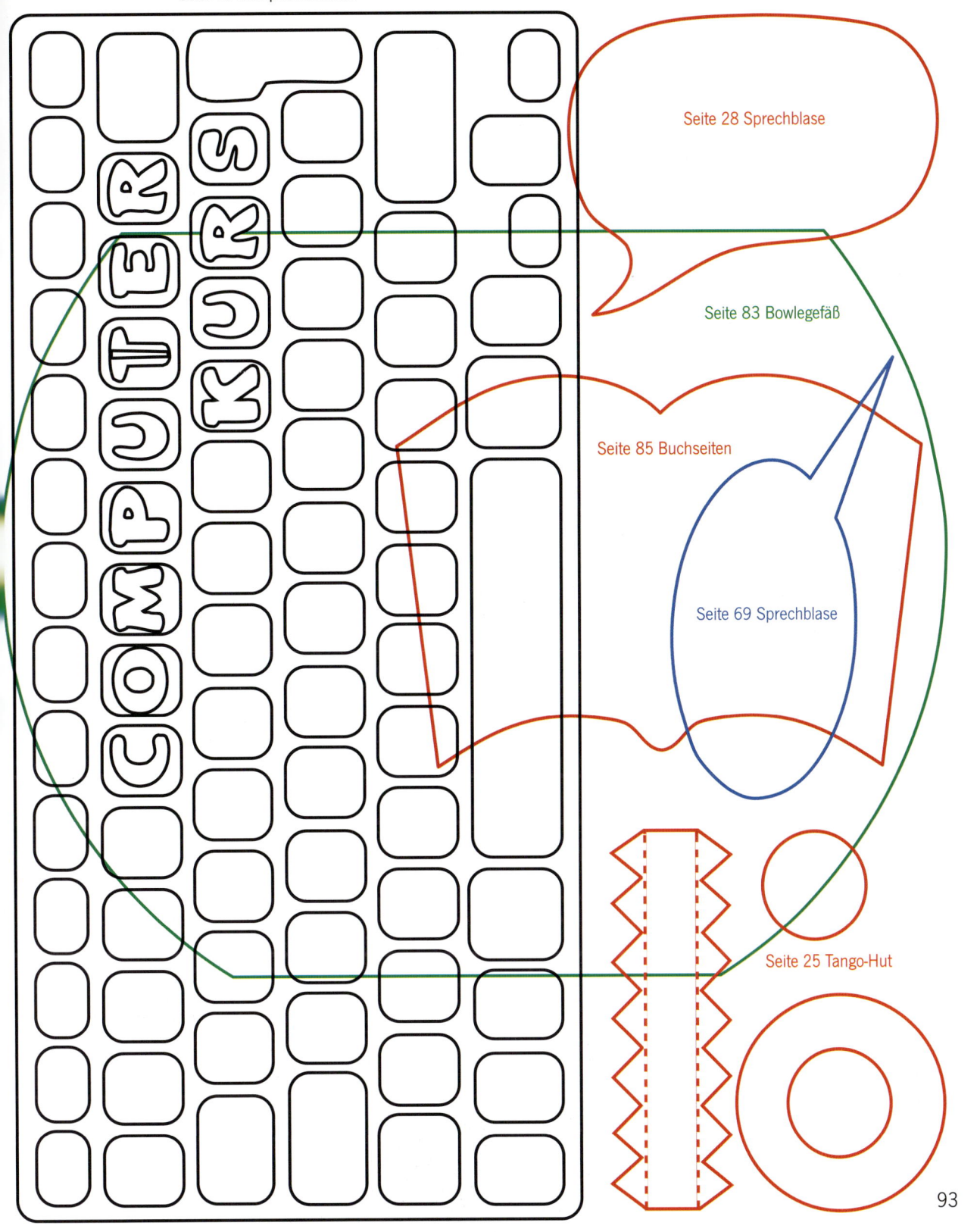

Seite 28 Sprechblase

Seite 83 Bowlegefäß

Seite 85 Buchseiten

Seite 69 Sprechblase

Seite 25 Tango-Hut

93

Klebefläche

Seite 16 Londonreise

Seite 27 Zumbakurs

Seite 53 Flohmarkttisch

Seite 64 Paintball

Seite 58 Sandalen-Sohlen

Klebefläche

Seite 58 Outlet-Tüte

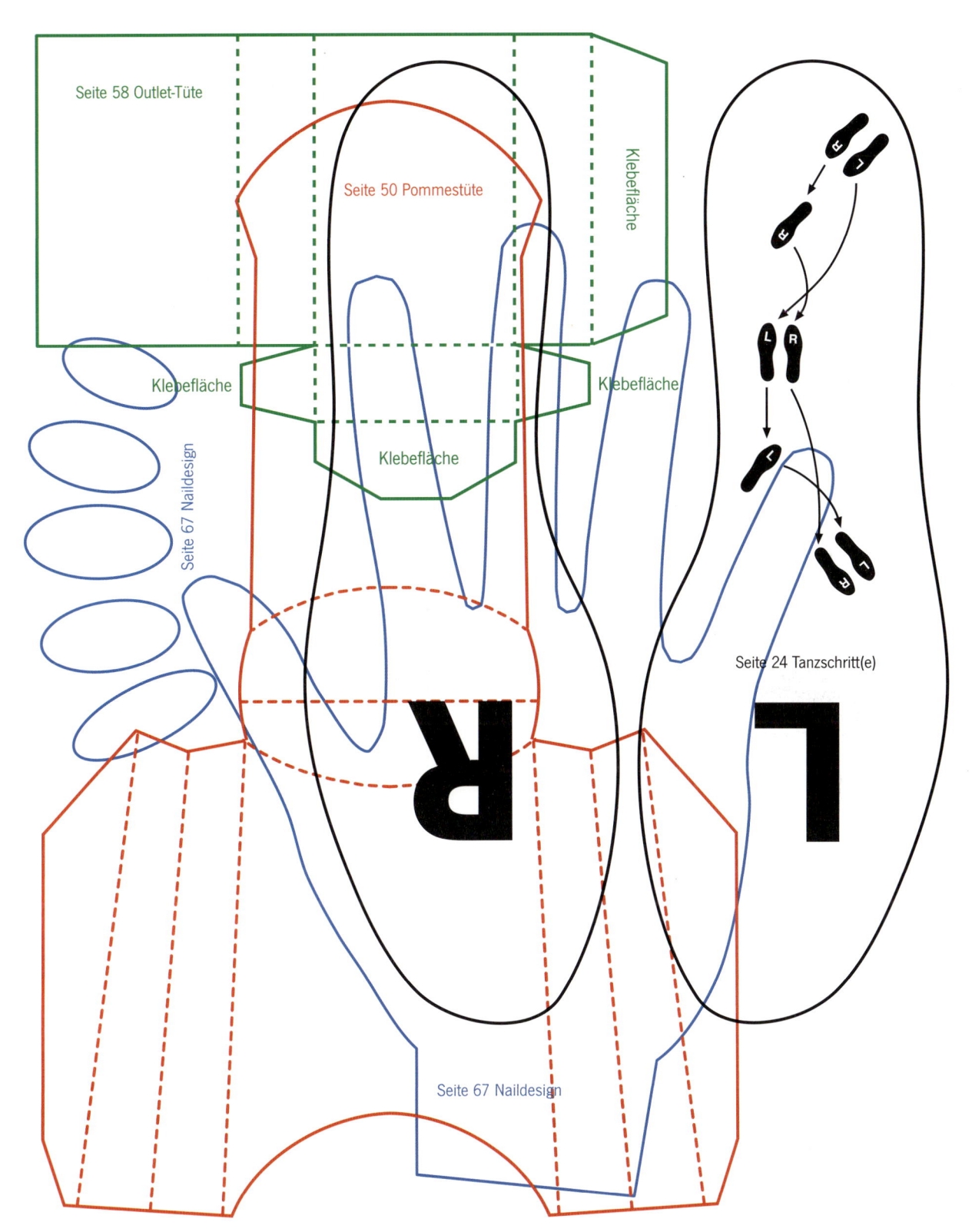

Seite 50 Pommestüte

Klebefläche

Klebefläche

Klebefläche

Klebefläche

Seite 67 Naildesign

Seite 24 Tanzschritt(e)

R

L

Seite 67 Naildesign

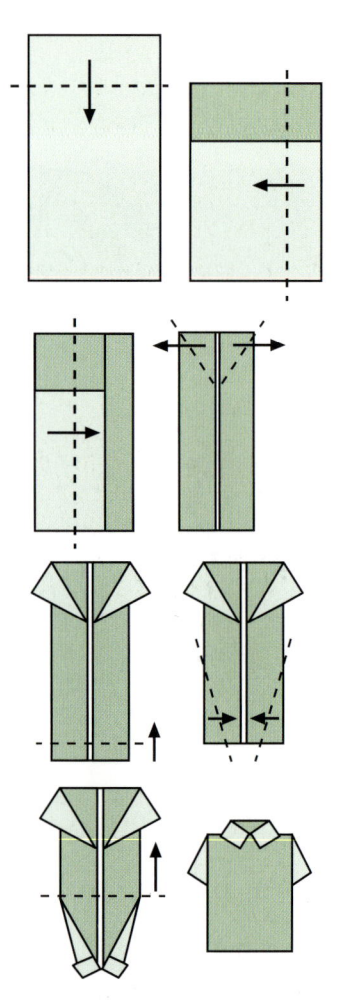

Seite 78 Faltanleitung "Geldhemd"

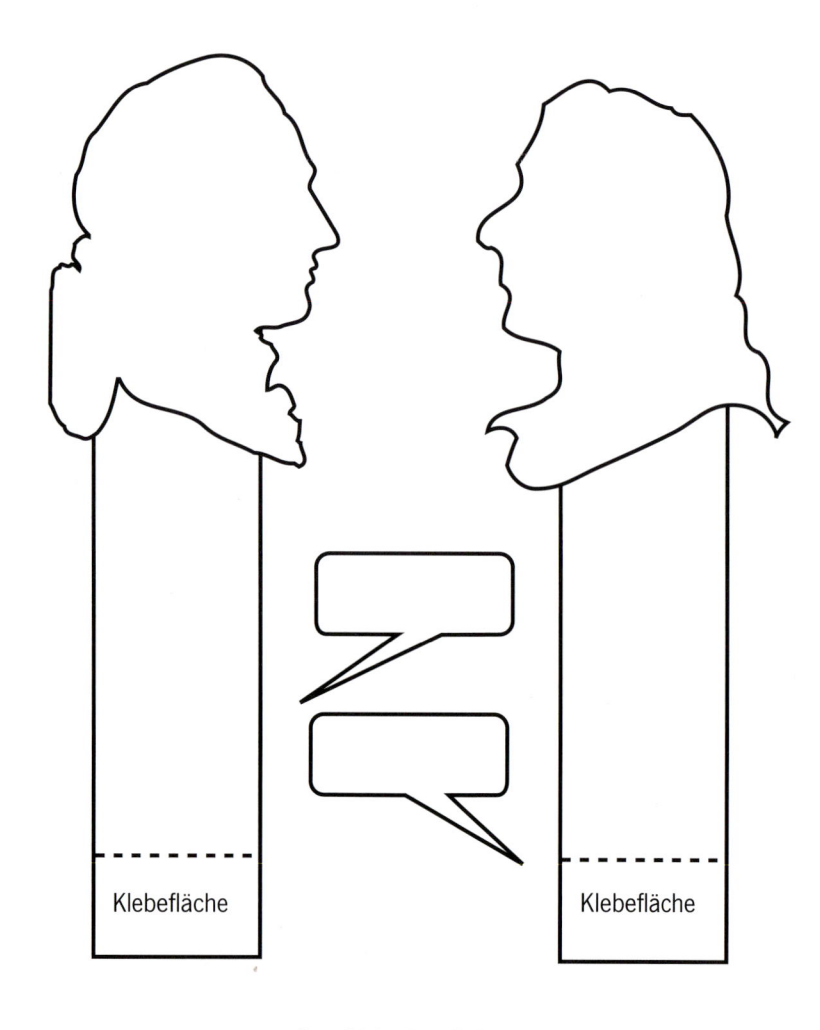

Seite 84 Goethe trifft Schiller

Klebefläche

Klebefläche

Impressum/Bildnachweis

ISBN: 978-3-8094-3306-4

1. Auflage
© 2014 by Bassermann Verlag, einem Unternehmen der Verlagsgruppe Random House GmbH, 81673 München

Die Verwertung der Texte und Bilder, auch auszugsweise, ist ohne Zustimmung des Verlages urheberrechtswidrig und strafbar. Dies gilt auch für die Vervielfältigungen, Übersetzungen, Mikroverfilmung und für die Verarbeitung mit elektronischen Systemen.

Umschlaggestaltung:
Atelier Versen, Bad Aibling
Fotos:
Weiss & Haenitsch, Obernbreit
Projektleitung: Martha Sprenger
Herstellung: Sonja Storz

Die Informationen in diesem Buch sind von der Autorin und vom Verlag sorgfältig erwogen und geprüft, dennoch kann eine Garantie nicht übernommen werden. Eine Haftung der Autorin bzw. des Verlags und seiner Beauftragten für Personen-, Sach- und Vermögensschäden ist ausgeschlossen.

Layout und Satz:
Weiss & Haenitsch, Obernbreit

FSC MIX Papier aus verantwortungsvollen Quellen
FSC® C012536
www.fsc.org

Verlagsgruppe Random House
FSC® N001967
Das für dieses Buch verwendete FSC®-zertifizierte Papier *Profimatt* liefert Sappi Ehingen.

Druck und Bindung:
Druckerei Theiss, St. Stefan

Printed in Austria